BEI GRIN MACHT SICH IHR WISSEN BEZAHLT

- Wir veröffentlichen Ihre Hausarbeit, Bachelor- und Masterarbeit

- Ihr eigenes eBook und Buch - weltweit in allen wichtigen Shops

- Verdienen Sie an jedem Verkauf

Jetzt bei www.GRIN.com hochladen und kostenlos publizieren

Von der Uneindeutigkeit des Geschlechts

Die soziale Konstruktion von Geschlechtern durch die Gesellschaft am Beispiel von handwerklichen Berufen

Beke Ernst

Bibliografische Information der Deutschen Nationalbibliothek:

Die Deutsche Nationalbibliothek verzeichnet diese Publikation in der Deutschen Nationalbibliografie; detaillierte bibliografische Daten sind im Internet über http://dnb.d-nb.de abrufbar.

ISBN: 9783346576538
Dieses Buch ist auch als E-Book erhältlich.

© GRIN Publishing GmbH
Nymphenburger Straße 86
80636 München

Druck und Bindung: Books on Demand GmbH, Norderstedt Germany
Gedruckt auf säurefreiem Papier aus verantwortungsvollen Quellen

Das Buch bei GRIN: https://www.grin.com/document/1167104

Langwedel, den 16.08.2021

Hausarbeit zum Modul 6.5
Gender und Diversity

Thema

Von der Uneindeutigkeit des Geschlechts
Die soziale Konstruktion von Geschlechtern durch die
Gesellschaft am Beispiel von handwerklichen Berufen

Beke Ernst
6. Semester

Hochschule Bremen
Studiengang Soziale Arbeit
Fakultät Gesellschaftswissenschaften
Modul 6.5: Gender und Diversity

Inhaltsverzeichnis

1. Einleitung

„Frauen im Handwerk: Die glückliche Minderheit" (DHKT 2021: 1), diese Pressemittleitung aus dem Handwerk macht aufgrund des Widerspruches in sich neugierig. Wie ist es möglich, dass Frauen in handwerklichen Berufen glücklich sind und trotzdem eine derartige Minderheit in diesem beruflichen Sektor darstellen? Eine Studie des Zentralverbands des Deutschen Handwerks kam zu dem Ergebnis, dass der Anteil von Frauen im Handwerk insgesamt bei 36% im Jahr 2019 lag (vgl. Rimpler 2019: 1). Tatsache ist, dass es keine Berufe gibt, die ausschließlich für ein bestimmtes Geschlecht geschaffen wurden. Trotzdem ist es noch heute so, dass die meisten Wirtschaftsbereiche in denen Frauen unterrepräsentiert sind, die sogenannten MINT-Bereiche, wie beispielsweise Elektro, Bauwirtschaft oder Metall, von dem männlichen Geschlecht dominiert werden (vgl. ZDH 2021: 1).

Die genannte Statistik bringt eine gravierende Geschlechterungleichheit im Handwerk zum Ausdruck und war damit der Anlass, mich mit dem Thema der sozialen Konstruktion von Geschlechtern durch die Gesellschaft am Beispiel von handwerklichen Berufen zu beschäftigen. In diesem Zusammenhang lautet die Fragestellung der vorliegenden Hausarbeit: Inwiefern besteht eine Geschlechterungleichheit in handwerklichen Berufen? Welche Ursachen können einer Geschlechterungleichheit zu Grunde liegen? Mit dieser Arbeit soll keine pauschalisierte Antwort bezüglich der Ursachen erzielt, sondern vielmehr Ansätze vorgestellt werden, die erklären, wie sich eine anhaltende Geschlechterungleichheit, entwickeln konnte.

Dazu werde ich zunächst definieren, was unter Geschlechtern zu verstehen ist und auf die Alltagsannahme der Zweigeschlechtlichkeit eingehen. Anschließend wird dargelegt, welchen Einfluss die Gesellschaft auf die Konstruktion von Geschlechtern hat und wie sich dieser Einfluss auf die Einordnung in Geschlechterkategorien und -stereotypen auswirkt. Ferner wird die Geschlechterungleichheit am Beispiel von handwerklichen Berufen thematisieren, indem neben statistischen Verteilungen auch auf die Frage eingegangen wird, welche Ursachen für die Ungleichverteilung vorliegt. Des Weiteren ist es mir ein wichtiges Anliegen, auf Chancen und Möglichkeiten durch die Soziale Arbeit einzugehen und abschließend in einem persönlichen Fazit und Ausblick, die erarbeiteten Ergebnissen der statistischen Verteilung und den Ursachen zur sozialen Konstruktion der Geschlechterungleichheit in handwerklichen Berufen in Zusammenhang zu bringen.

2. Zur Entstehung von Geschlechtern

Es ist gesellschaftlich verankert, sich bei der Begriffsbestimmung von Geschlechtern zunächst auf das männliche und das weibliche Geschlecht zu stützen. So bezieht sich eine Definition von Geschlechtern auf die „Gesamtheit der Merkmale, wonach ein Lebewesen in Bezug auf seine Funktion bei der Fortpflanzung meist eindeutig als männlich oder weiblich zu bestimmen ist." (Duden 2021: 1). Doch das binäre Geschlechtsmodell schließt damit Menschen aus, die sich nicht eindeutig einer Kategorie zuordnen möchten, können oder wollen. Seit dem Jahr 2019 ist es möglich, dass sich Personen auf dem Standesamt neben „männlich" und „weiblich" nun auch offiziell als „divers" eintragen lassen können. Damit stellt das dritte Geschlecht für viele Menschen eine wichtige Möglichkeit dar, sich nicht in dem binären Geschlechtsmodell einordnen zu müssen (vgl. Antidiskriminierungsstelle des Bundes 2021: 1). In der vorliegenden Hausarbeit wird sich aufgrund der Studienlage und der wissenschaftlichen Quellen allerdings auf die binären Geschlechter bezogen.

2.1 Die Alltagsannahme der Zweigeschlechtlichkeit

Menschen, die der westlichen Kultur angehören, unterliegen primär der wenig hinterfragten binären Differenzierung in Mann und Frau durch die biologisch begründete, dichotome Geschlechtszuschreibung. „Welches Geschlecht eine Person hat, muss gemäß dieser Alltagsannahmen erstens im Umgang erkennbar sein (Eindeutigkeit), zweitens körperlich begründet sein (Naturhaftigkeit), und drittens ist sie angeboren und nicht veränderbar (Unveränderbarkeit)." (Hahn 2008: 64) Somit wurden Personen von Geburt an aufgrund ihrer Genitalen in die zwei Kategorien „Mann" und „Frau" eingeordnet, welcher sie ihr Leben lang angehören. In den 1960er Jahren reagierten angloamerikanische Feministinnen auf die Einordnung des binären Geschlechtsmodells mit einer begrifflichen Unterscheidung von Geschlecht in „sex" und „gender". „Sex" beschreibt hierbei das auf anatomischer Basis vermeintlich eindeutige biologische Geschlecht, während sich „gender" auf die soziale Zuschreibung von Geschlecht bezieht, die in der Interaktion mit anderen ausgehandelt wird. Die Abgrenzung in „sex" und „gender" schien anfänglich sehr sinnvoll (vgl. Küppers 2012: 4). „Sie enttarnte gender als soziales Konstrukt und deckte auf, dass dichotome Geschlechterzuschreibungen, Geschlechterrollen und Hierarchisierungen historisch entstanden sind und durch gesellschaftliche Strukturierungen, Aushandlungen und Bedeutungszuschreibungen zustande kommen."

(Küppers 2012: 4) Allerdings brachte dieser neue Denkansatz auch Schwächen zum Vorschein, denn durch die Erklärung „sex" anhand von Geschlechterunterschieden zu kategorisieren, wurde sich nach wie vor auf die anatomische, biologische Einordnung von „Mann" und „Frau" bezogen (vgl. Küppers 2012: 4). Hierzu erklärte die Gendertheoretikerin Judith Butler, dass die Zuschreibung und Einordnung in binäre Geschlechter durch soziale Prozesse begründet ist. Zusätzlich wurden Stimmen der Neurowissenschaft laut, die über Wechselwirkungen zwischen Psychologie und Biologie aufmerksam machten, wodurch das Geschlecht nicht isoliert betrachtet werden könne, sondern immer in Wechselwirkung mit der Gehirnstruktur, Hormonen und anderen sozialen Faktoren steht (vgl. Abdul-Hussain 2014: 1). Zusammenfassend können die Begriffe „sex" und „gender" gleichermaßen als soziokulturell konstruiert betrachtet werden. „sex (has) been gender all along." (Butler 1990: 8)

2.2 Geschlecht und Geschlechtsstereotype als soziales Konstrukt der Gesellschaft

Eine These des „doing gender" besagt, dass Geschlecht etwas ist, was die Menschen tun, anstatt etwas, das ihnen zu eigen ist oder das sie besitzen (vgl. Küppers 2012: 5). „Doing gender" ist ein Konzept der sozialwissenschaftlichen Geschlechterforschung und beleuchtet anhand von Handlungstheorien die soziale Konstruktion von Geschlechtern durch die Gesellschaft. Individuen einer Gesellschaft schreiben sich demnach durch Normen und Regeln gegenseitig Geschlechterrollen zu und geben diese generationsübergreifend weiter. „Doing Gender" beschreibt also einen Effekt durch soziale Prozesse und klärt darüber auf, die Geschlechtszugehörigkeit unabhängig von Wesensmerkmalen und Eigenschaften zu betrachten (vgl. Gildemeister 2008: 167). An alltäglichen Beispielen lässt sich demonstrieren, wie „doing gender" durch das gesellschaftliche Handeln und ihre Wahrnehmung umgesetzt wird. Jede Person ist in gewisser Weise gesellschaftlich befähigt einer anderen Person ein Geschlecht zuzuschreiben, dies geschieht über alltägliche Handlungen. Wenn einer Person kein Geschlecht zugeordnet werden kann, kann das wiederum zu handlungspraktischen Problemen führen. Die Einordnung in Geschlechtskategorien geschieht beispielsweise über Kleidung, Stimme, Mimik oder Gestik. Durch die eigene Verkörperung mit Hilfe eben genannter Ressourcen kommt es zu einem Darstellungsprozess, welcher zu einer sozialen Wirklichkeit wird und in einem zirkulären Prozess endet. Durch konventionell genutzte Objekte, wie zum Beispiel der Lippenstift, welcher überwiegend traditionell von

Frauen verwendet wurde, wird dem Lippenstift ein feminines Attribut zugeschrieben, wodurch der Lippenstift und ihr:e Nutzer:innen automatisiert verweiblicht werden (vgl. Küppers 2012: 5). Gleichzeitig wird von Interaktionspartner:innen eine Geschlechtszuordnung dieser Person aufgrund der Lippenstiftnutzung vorgenommen. Ist die Geschlechtszuschreibung erfolgt, werden die vermeintlich „richtigen" Genitalien unterstellt, da sie nicht erkennbar sind. Können Interaktionspartner:innen kein eindeutiges Geschlecht zuordnen, kann das wiederum zu den angesprochenen handlungspraktischen Problemen führen. Probleme können beispielsweise aufgrund einer Blamage durch eine Verwechslung oder einer unangenehmen Situation für den/die Verwechselte entstehen, der/die aus der anerkannten Ordnung eindeutiger Geschlechter ausgegrenzt wird. Insgesamt ist das Geschlecht somit ein Effekt sozialer Prozesse. Die Geschlechtszuschreibung erfolgt durch die alltägliche Wahrnehmung von Personen und ihrer sozialen Interaktion. Daraus entstehen die soziale Wirklichkeit und das Geschlecht als soziales Konstrukt (vgl. Küppers 2012: 5).

Wenn über die Geschlechtszuordnung durch gesellschaftliche Interaktionsprozesse gesprochen wird, ist es ebenfalls interessant, die Auswirkungen von Geschlechterstereotype, hier am Beispiel von Berufen, zu betrachten. „Geschlechterstereotype beschreiben Ansichten über das Verhalten und die Eigenschaften von Männern und Frauen. Das Komponentenmodel versteht Geschlechterstereotype als eine Reihe von Assoziationen zwischen Geschlechterkennzeichnungen (d. h. weiblich, männlich) und geschlechtsbezogenen, kontextspezifischen Überzeugungen." (Boll et. al. 2015: 25) Es ist wichtig zu ergänzen, dass durch Stereotype, Entscheidungen von Personen auf Grundlage von wahrgenommenen und zugeschriebenen Merkmalen und nicht den tatsächlichen Eigenschaften getroffen werden. Frauen werden demnach häufig mit geschlechterstereotypen Eigenschaften wie dankbar, rücksichtsvoll, friedlich, konfliktfähig oder auch beruhigend beschrieben, während Männern Attribute wie selbstbewusst, sorglos, unverwundbar oder systematisch zugeschrieben werden. Die Entstehung dieser Stereotype zieht sich durch alle Gesellschaftsschichten und hängt neben soziologischen Variablen auch von den Massenmedien, der Erziehung, geschlechtertypischem Spielzeug, Peergruppen und weiteren Faktoren ab. Viel wichtiger als die Entstehung ist im Zusammenhang mit der sozialen Konstruktion des Geschlechts die Tatsache, dass sich die Prozesse der Geschlechterstereotype auf die Übernahme von Geschlechterrollen und berufliche Entscheidungen aufgrund von Stereotypen auswirken (vgl. Boll et al. 2015: 24ff.) Um auf das Beispiel der Berufe zurückzukehren ist zu erwähnen, dass Menschen eigene Berufsstereotype bilden können. Das passiert, indem eigene Berufsbilder verallgemeinert werden und diese geschlechtsstereotype Zuschreibungen erhalten. Gründe für geschlechtsstereotype Berufsbilder können unbewusste Informationen aus der Umwelt, Praktika, allgemeine Beobachtungen, das eigene Umfeld oder schulische Lernangebote sein. Ebenfalls tragen männlich oder weiblich klingende und konnotierte Berufsbezeichnungen oder Berufsbeschreibungen zur Stereotypisierung von beruflichen Entscheidungen bei (vgl. Boll et al. 2015: 26ff.). Als Beispiel könnte hier der Beruf des „Zimmermanns" oder der Beruf der „Krankenschwester" angeführt werden.

In diesem Kapitel wird insgesamt deutlich, dass nicht nur die Geschlechtszuschreibung von Individuen durch soziale Interaktion und Handlungen, sondern auch Geschlechterstereotype mit geschlechtsbezogenen Überzeugungen, gesellschaftlich konstruiert werden.

3. Geschlechterungleichheit am Beispiel von handwerklichen Berufen

Wie bereits der Anfang dieser Hausarbeit verlauten ließ, sind Frauen, die einem handwerklichen Beruf nachgehen zwar meist glücklich, allerdings auch stark unterrepräsentiert. Die Ungleichheit betrifft sowohl das gesamte Beschäftigungssystem des Handwerks, als auch dessen System der dualen Ausbildung. Berufseinsteigerinnen interessieren sich überwiegend für Berufe der kaufmännischen Branche oder des Dienstleistungssektors wie Fachrichtungen der Pflege, Erziehung oder Bürotätigkeiten (vgl. Gelzer et al. 2015: 1). Wenn vom Handwerk gesprochen wird, so bedarf es zusätzlich einer definitorischen Eingrenzung. Während des Mittelalters hatte das Handwerk einen besonders hohen Stellenwert, der allerdings aufgrund veränderter Lebens- und Arbeitsweisen oder dem technischen und ökonomischen Wandel bis heute abgenommen hat. Aus betriebswirtschaftlicher Perspektive werden handwerkliche Betriebe dem „[...] produzierendes Handwerk, dem verarbeitenden Gewerbe bzw. dem Baugewerbe und als Dienstleistungshandwerk dem Handel sowie sonstigen selbständigen Gewerbetreibenden [...] zugeordnet. (Glasl et al. 2008: 4) Auch wenn keine allgemeingültige Begriffsbestimmung besteht, können wichtige Kennzeichen für einen handwerklichen Betrieb ausgemacht werden. So kann das Handwerk weder eindeutig den Sachleistungsbetrieben noch den Dienstleistungsbetrieben zugerechnet werden, vielmehr

5

liegt die Branche zwischen diesen beiden Sektoren. Handwerker:innen arbeiten überwiegend an spezialisierten Leistungen, die nach den persönlichen Wünschen der Kund:innen ausgerichtet sind. Die technische Perspektive sieht als weiteres Merkmal die Erstellung eines Erzeugnisses durch eigene Handarbeit vor, auch wenn sich die Tätigkeiten im Laufe der Jahre durch neues technisches Equipment gewandelt hat. Aus soziologischer Sicht darf sich jede/r zum Handwerk zählen, der oder die das eigene Handwerk als Arbeit ansieht und eine entsprechende Prüfung zur Ausübung des Berufes abgelegt hat (vgl. Glasl et al. 2008: 5ff.).

Wie die genaue statistische Verteilung in der handwerklichen Branche aussieht und welche Ursachen hierfür zu Grunde liegen, die im Zusammenhang vorangegangener Kapitel stehen, wird in den nachfolgenden Abschnitten erläutert.

3.1 Statistische Verteilung

Dem statistischen Bundesamt zu Folge sind von allen erwerbstätigen Frauen 11,7% handwerklichen und handwerklich verwandten Berufen im Jahr 2019 nachgegangen. Damit belegt dieser Sektor bei Frauen den letzten Platz in der Analyse von einzelnen Berufsgruppen. Erwähnenswert ist, dass die Anteile seit Beginn der neunziger Jahre weitestgehend gleichgeblieben sind (vgl. Statistisches Bundesamt 2021: 1). In der Gesamtheit aller handwerklichen Berufe lag der Anteil der Frauen bei rund 32% (vgl. Gelzer et al. 2015: 1). Im direkten Vergleich zu Männern waren Frauen dabei in den nachfolgenden Bereichen im Jahr 2020 besonders stark unterrepräsentiert. Während 12% der Frauen in der Rohstoffgewinnung, Glas- und Keramikverarbeitung tätig waren, waren es bei den Männern 88%. Deutlicher wird es noch an dem Beispiel der Metallerzeugung und -bearbeitung sowie dem Metallbau, wo Frauen lediglich 9% aller Erwerbstätigen ausmachen, während Männer diese Branche mit 91% dominieren. Die Branchen mit den größten Unterschieden zeigen sich zum einen in den Innen- und Ausbauberufen, in welchen Frauen mit 3,7% und Männer mit 96,3% vertreten sind, sowie in den Hoch- und Tiefbauberufen, in welchen Frauen einen Anteil von 1,7% ausmachen während Männer in diesen Berufen zu 98,3% tätig sind (vgl. Statista 2020: 1).

Frauen, die einen handwerklichen Beruf ausüben, sind überwiegend in frauenvorherrschenden Bereichen anzutreffen (vgl. Gelzer et al. 2015: 6ff.). Es kann im Handwerk somit nach männer- und frauendominierten Handwerkszweigen unterschieden werden. Zweige, die überwiegend von Frauen besetzt werden, sind beispielsweise der

Friseurberuf, die Kosmetik, die Fotografie, die Bäckerei- und das Konditorengewerbe oder auch das Schneidereigewerbe. Männer besetzten, wie auch der oben genannten Statistik zu entnehmen ist, unter anderem Handwerkszweige der Elektro- und Metallgewerbe, das Dachdecker- und Fliesenhandwerk sowie das Holzgewerbe. Insgesamt lässt sich feststellen, dass frauendominierte Handwerkszweige öfter in Teilzeit ausgeführt werden und sich die Leistung mit eigenen hergestellten Produkten und Dienstleistungen an Privatkund:innen richtet. Im Gegensatz dazu wird in den, von Männern vorrangig besetzten handwerklichen Berufen, überwiegend auf gewerbliche Kund:innen und öffentliche Auftraggeber:innen gesetzt (vgl. Gelzer et al. 2015: 69ff.). Zusammenfassend liegt damit eine zweifache Geschlechterungleichheit in handwerklichen Berufen vor. Einerseits durch die statistische Verteilung, in der Frauen eine klare Minderheit des handwerklichen Sektors darstellen und andererseits durch die Spaltung der frauen- und männerdominierten Handwerksschwerpunkte.

3.2 Ursachen

Frauen in männerdominierten Tätigkeiten anzutreffen ist selten, vor allem in den sogenannten MINT-Berufen, welche Mathematik, Informatik, Naturwissenschaften sowie Technik umfassen. In dem Bereich Technik werden in diesem Kapitel handwerkliche Berufe wie beispielsweise „[...] Metallberufe, Werkzeugmechaniker/-in und Technische/-r Produktdesigner/-in, Fachrichtung Maschinen- und Anlagenkonstruktion [...]" (Azeez et al. 2021: 7) zusammengefasst. Da Entscheidungen von Frauen gegen Berufe, die vorrangig von Männern besetzt sind, nicht auf unzureichendes Verständnis für die Materie zurückzuführen ist, werden an dieser Stelle ausschlaggebende Beweggründe näher beleuchtet (vgl Azeez et al. 2021: 5).

Die Entscheidung, welchen Beruf man erlernen möchte, beginnt bereits im jugendlichen Alter. Hierbei spielen für den Berufswahlprozess verschiedene Einflüsse eine tragende Rolle. So ist es für Jugendliche von großer Bedeutung einen Beruf zu wählen, der einerseits zu ihrer eigenen Persönlichkeit, wie beispielsweise Interessen, Werte, Fertigkeiten, Schichtzugehörigkeit oder Intelligenz passt, aber wiederum auch gesellschaftlichen und sozialen Ansprüchen gerecht wird. In diesem zwiespältigen Prozess kommt es dann häufig vor, dass sogenannte Aspirationsfelder entwickelt werden, weswegen einige Berufe aus Gründen der persönlichen Bewertung und Vereinbarkeit aus der Entscheidung direkt ausgeschlossen werden. Ferner spielen individuelle und soziale

Faktoren eine weitere wichtige Rolle. Dies beinhaltet neben Vorurteilen gegen Frauen auch die Sozialisation, die mit binären Geschlechterrollenbildern einhergeht. Die (Vor-)Pubertät kann also dazu führen, dass sich junge Frauen stärker traditionellen Geschlechterrollen zuteilen, wodurch das Interesse an MINT-Berufen stark abnimmt. Aber auch berufliche Umstände und Rahmenbedingungen können für Frauen ein Grund sein, sich nicht auf MINT-Berufe einzulassen. Dazu gehören die häufig fehlende Akzeptanz von Teilarbeitszeitmodellen und Elternzeit, schlechtere Karriereaufstiegsmöglichkeiten sowie Schichtarbeit als Hindernis oder zu tragende Schutzkleidung (vgl. Azeez et al. 2021: 17ff.). Des Weiteren sind soziale Interaktionen ausschlaggebend für oder gegen eine Entscheidung eines männerdominierten Berufszweiges. Frauen lehnen das handwerkliche Berufsfeld häufiger ab, wenn sie das Gefühl haben in dem Feld keine Gleichberechtigung zu erfahren und sich nicht anerkannt und aufgenommen fühlen. Ebenso sind Feindseligkeiten durch Kolleg:innen, anzügliche Bemerkungen und „sich vor Männern beweisen müssen" gegen die berufliche Wahl verantwortlich. Ferner wurde nachgewiesen, dass die Arbeitssituation für Frauen in MINT-Berufen nachteilig verläuft, da sie schlechter als das männliche Geschlecht für die gleiche Arbeit entlohnt werden und sie auch häufiger befristete Verträge erhalten (vgl. Azeez et al. 2021: 23f.) Zuletzt ist noch aufzugreifen, dass viele männerdominierte Handwerkszweige eine gleichlautende Berufsbezeichnung haben. Als Beispiel kann hier der Beruf des „Elektrikers" angebracht werde. Durch das Konnotieren werden bestimmte Berufszweige automatisch eher Männern zugesprochen, was sich ebenfalls nachteilig für Frauen auf die Entscheidung solcher Tätigkeiten auswirken kann (vgl. Azeez et al. 2021: 28f.).

4. Möglichkeiten und Chancen für die Soziale Arbeit

Wie bereits in vorangegangenen Kapiteln erläutert wurde, hängt die Berufswahl unter anderem eng mit traditionellen Geschlechterrollen, Geschlechterstereotypen und dem sozialen Umfeld zusammen. Hier ergeben sich viele Chancen und Möglichkeiten, für die Soziale Arbeit aufklärend und bestärkend zu intervenieren. Die Beispiele können auf viele Handlungsfelder der Sozialen Arbeit übertragen werden wie beispielsweise auf Schulsozialarbeiter:innen, sozialpädagogische Familienhelfer:innen, Erzieher:innen und vielen mehr.

Im Kern geht es darum, frühzeitig aufklärende Arbeit für alle Kinder und Jugendliche zu leisten und ihre eigenen Fähigkeiten und Potentiale sichtbarer zu machen, damit sie dadurch lernen, geschlechtsunabhängige Entscheidungen treffen zu können. Sozialarbeiter:innen können geschlechtsunabhängige Berufsentscheidungen fördern, indem sie folgende Themenbereiche einbeziehen, um Kinder und Jugendliche darauf hinzuweisen und aufzuklären: Stärken, Fähigkeiten, Interessen, Klischees und Stereotype, gendergerechte Sprache sowie Rollenstereotype. Ein Fokus wäre, Kinder und Jugendliche – ganz gleich in welchem Handlungsfeld der Sozialen Arbeit – so früh wie möglich zu ermutigen, sich mit eigenen Stärken, Interessen und Fähigkeiten auseinanderzusetzen, damit sie ihre eignen Potentiale erkennen und Vertrauen in ihrem Selbst finden. Diese eigenen Potentiale können dann mit beruflichen Ideen abgeglichen werden, die zusätzlich mit dem eigenen Rollenverständnis reflektiert werden können. Auch das soziale Umfeld, als stark beeinflussender Faktor, sollte in den Prozess mit eingebunden werden, da hier Geschlechtsstereotype abgebildet werden und damit einen Einfluss auf Erwartungen und Entscheidungen des Kindes oder des Jugendlichen haben können. Es ist daher hilfreich Rollenmodelle und Stereotype transparent zu machen und zu hinterfragen. Ebenfalls kann gendergerechte Sprache, wie zum Beispiel keine männlichen oder weiblichen konnotierte Berufsbezeichnungen zu verwenden, zur Minderung von Geschlechterungleichheit und Förderung freie berufliche Entscheidungen zu treffen, beitragen (vgl. Luttenberger 2018: 4ff.).

Es muss angemerkt werden, dass die Tätigkeiten durch die Soziale Arbeit alleine nicht ausreichen werden, um eine Minderung der Geschlechterungleichheit im Handwerk herbeizuführen. Insgesamt ist es ein Zusammenspiel verschiedenster Institutionen und Akteur:innen, so auch beispielsweise der Politik, die es sich zur Aufgabe machen muss, Lohnentgelte zwischen Männern und Frauen anzupassen oder auch ein härteres Vorgehen bei Diskriminierungen und Ungleichbehandlungen am Arbeitsplatz zu gewährleisten (vgl. Azeez et al. 2021: 24).

5. Persönliches Fazit und Ausblick

Dass eine starke Geschlechterungleichheit in handwerklichen Berufen vorliegt, ist nach den vorangegangenen Kapiteln deutlich geworden.

Die im Kapitel 2.1 beschriebene und bis heute überwiegend anhaltende Alltagsannahme der Zweigeschlechtlichkeit ist eine gesellschaftliche, konstruierte Zuordnung und führt schließlich zur im Kapitel 2.2 beschriebenen Zuschreibung von geschlechterabhängigen Eigenschaften und Objekten. Durch die binäre Kategorisierung kommt es folglich zur

Entstehung von Geschlechterrollen und Geschlechterstereotypen. Ich persönlich empfinde das als äußerst problematisch, da festgeschriebene Geschlechtszuschreibungen und -kennzeichnungen generationsübergreifend weitergegeben werden und dadurch die freie Entfaltung der eigenen Persönlichkeit erschwert wird. Bedeutsamer wird das Ausmaß noch, wenn die Tatsache betrachtet wird, dass sich die Prozesse der Geschlechterstereotype und die Übernahme von Geschlechterrollen negativ auf berufliche Entscheidungen auswirken. So wurde im Kapitel 2.2 ebenfalls erläutert, dass die geschlechtsstereotypen Zuschreibungen solche Auswirkungen haben, dass einige Berufsbezeichnungen eindeutig männlich oder weiblich konnotiert sind, was automatisch ein Ausschluss des anderen Geschlechts zur Folge hat und die berufliche Entscheidung beeinflussen kann.

Um auf die anfänglichen Fragestellungen zurückzukehren, empfand ich es beunruhigend eine so große Diskrepanz von Männern und Frauen im Handwerk festzustellen. Einerseits durch die im Kapitel 3.1 beschriebene starke Minderheit der Frauen, die in diesem Sektor lediglich 32% ausmachen und andererseits durch die Spaltung von frauen- und männerdominierten Handwerkszweigen, was ebenfalls auf geschlechterstereotype Zuschreibungen und Merkmalen zurückzuführen ist. Überrascht war ich auch von den im Kapitel 3.2 vielfältigen Ursachen für die weibliche Minderzahl im Handwerk, in welchen gleichzeitig die Herausforderungen für eine gleichberechtigtere Zukunft liegen. So empfinde ich es als äußerst wichtig, dass zukünftig für eine Verbesserung der beruflichen Rahmenbedingungen, gendergerechten Berufsbezeichnungen, dem Abbau von Vorurteilen, Geschlechterstereotypen und Rollenbildern sowie Gleichberechtigung – in diesem Zusammenhang vor allem für weibliche Fachkräfte in männerdominierten Handwerkszweigen - gekämpft wird. Das bedeutet ein langer Weg der unter anderem dadurch bestritten werden könnte, indem Handwerksbetriebe für mehr Gleichberechtigung plädieren und sich weiblichen Fachkräften besser anpassen. Andererseits muss aber auch die Politik grundlegende Entscheidungen zu vertraglichen Regelungen und Entgelten treffen und alle weiteren Institutionen und Akteur:innen, wie die Soziale Arbeit eine gendergerechte Sprache nutzen, über Stereotype und Rollenbilder aufklären und zur Geschlechtergleichheit in allen Berufsgruppen motivieren. Denn Tatsache ist, dass es keinen Beruf gibt der nur für ein bestimmtes Individuum erschaffen wurde.

Literaturverzeichnis

- Abdul-Hussain, Surur (2006): Geschlecht und Gender. In: Theorie und Forschung. https://erwachsenenbildung.at/themen/gender_mainstreaming/theoretische_hinter gruende/geschlecht_und_gender.php (zuletzt aufgerufen am 11.08.2021, 13:25 Uhr)

- Antidiskriminierungsstelle des Bundes (2021): 6. Was bedeutet die dritte Geschlechtskategorie "divers"? https://www.antidiskriminierungsstelle.de/SharedDocs/faqs/DE/inter/06_bedeutun g_divers.html (zuletzt aufgerufen am 10.08.2021, 15:20 Uhr)

- Azeez, Ulrike/ Conein, Stephanie/ Krämer, Heike/ Schad-Dankwart, Inga (2021): Frauen wählen MINT: Einflussfaktoren bei der Berufswahl und der Entscheidung für eine Aufstiegsfortbildung (FeMINT). Forschungsbericht: Zwischenbericht. Bundesinstitut für Berufsbildung. S. 4-31.

- Boll, Christina/ Bublitz, Elisabeth/ Hoffmann,Malte (2015): Geschlechtsspezifische Berufswahl: Literatur- und Datenüberblick zu Einflussfaktoren, Anhaltspunkten struktureller Benachteiligung und Abbruchskosten. Hamburgisches Weltwirtschaftsinstitut. S. 18-30.

- Butler, Judith. (1990). Gender Trouble. Feminism and the Subversion of Identity. New York: Routledge Classic. S. 8

- Deutscher Handwerkskammertag (2021): Frauen im Handwerk: Die glückliche Minderheit. In: Das Handwerk. Die Wirtschaftsmacht. Von Nebenan. In: Pressemitteilungen. https://www.handwerk.de/pressemeldungen/frauen-im-handwerk-die-glueckliche-minderheit.html (zuletzt aufgerufen am 09.08.2021, 12:55 Uhr)

- Duden. Bibliographisches Institut GmbH (2021): Geschlecht. In: Wörterbuch. https://www.duden.de/rechtschreibung/Geschlecht (zuletzt aufgerufen am 10.08.2021, 11:15 Uhr)

- Gelzer, Anja/ Haverkamp, Katarzyna/ Müller, Klaus/ Runst, Petrik (2015): Frauen im Handwerk. Status Quo und Herausforderungen. Deutsches Handwerksinstitut. Duderstadt. Mecke Druck. S. 1-71.

- Gildemeister, Regine (2008): Soziale Konstruktion von Geschlecht: „Doing gender". In: Wilz, Sylvia Marlene (Hrsg.): Geschlechterdifferenzen – Geschlechterdifferenzierungen. Ein Überblick über gesellschaftliche Entwicklungen und theoretische Positionen. Wiesbaden. Verlag für Sozialwissenschaften.S. 167-199.

- Glasl, Markus/ Maiwald, Beate/ Wolf, Maximilian (2008): Handwerk. Bedeutung, Definition, Abgrenzung. Deutsches Handwerksinstitut. Ludwig–Fröhler–Institut. S.4-9.

- Hahn, Daphne (2008): Zweigeschlechtlichkeit und hierarchische Geschlechterordnung. Von der Kritik der Gesundheitsforschung zur Institutionalisierung der Chancengleichheit. In: Geschlecht und Gesundheit. Springer Medizin Verlag. S.64.

- Küppers, Carolin (2012): Soziologische Dimensionen von Geschlecht. In: Aus Politik und Zeitgeschichte. 62. Jahrgang. 20-21/2012 Bundeszentrale für politische Bildung. Bonn. Societäts-Druckerei GmbH. S.3-8.

- Luttenberger, Silke und Steinlechner, Petra (2018): Broschüre zur geschlechtssensiblen Berufsorientierung (GeseBO). Bundesministerium Bildung, Wissenschaft und Forschung. S.4-7.

- Rimpler, René (2019): Frauen im Handwerk. In: Kennzahlen des Handwerks. In: Daten und Fakten. https://www.zdh.de/daten-und-fakten/kennzahlen-des-handwerks/kennzahlen-des-handwerks-2019/frauen-im-handwerk/ (zuletzt aufgerufen am 09.08.2021, 14:30 Uhr)

- Statista (2020): Anteil von Frauen und Männern in verschiedenen Berufsgruppen in Deutschland am 30. Juni 2020 (sozialversicherungspflichtig und geringfügig Beschäftigte) https://de.statista.com/statistik/daten/studie/167555/umfrage/frauenanteil-in-verschiedenen-berufsgruppen-in-deutschland/ (zuletzt aufgerufen am 11.08.2021, 19:00 Uhr)

- Statistisches Bundesamt (2021): Erwerbsbeteiligung von Frauen nach Berufen. In: Qualität der Arbeit. https://www.destatis.de/DE/Themen/Arbeit/Arbeitsmarkt/Qualitaet-Arbeit/Dimension-1/erwerbsbeteiligung-frauen-berufe.html (zuletzt aufgerufen am 11.08.2021, 17:45 Uhr)

- Zentralverband des Deutschen Handwerks (2021): Eine Ausbildung im Handwerk: auch für Frauen attraktiver denn je. In: Interviews und Statements. https://www.zdh.de/presse/veroeffentlichungen/interviews-und-statements/eine-ausbildung-im-handwerk-auch-fuer-frauen-attraktiver-denn-je/ (zuletzt aufgerufen am 09.08.2021, 16:10 Uhr)

BEI GRIN MACHT SICH IHR WISSEN BEZAHLT

- Wir veröffentlichen Ihre Hausarbeit,
  Bachelor- und Masterarbeit

- Ihr eigenes eBook und Buch -
  weltweit in allen wichtigen Shops

- Verdienen Sie an jedem Verkauf

Jetzt bei www.GRIN.com hochladen
und kostenlos publizieren